Faszination
Westfälische Mühlenstraße

Moment Aufnahmen

Winfried Hedrich

Faszination

Westfälische Mühlenstraße

SUTTON VERLAG

Dank

Das vorliegende Buch wendet sich besonders an Mühlentouristen. Die Bilder zeigen die Mühlen so, wie man sie in der Landschaft vorfindet. Der Text soll dem technisch interessierten Besucher kurze Hinweise geben, ohne dabei erschöpfend zu sein. Für den an tieferen Zusammenhängen Interessierten empfehle ich das im Jahr 2000 vom Mühlenverein herausgegebene Buch „Die Westfälische Mühlenstraße" von W. Kuhlmann/W. Hedrich (Text/Fotos). Dieses Buch stand mir u.a. bei der Erstellung der einzelnen Texte als Quelle für Fakten und Daten zur Verfügung.

Allen Mühlenbetreibern und Eignern, die mir bei der Arbeit an diesem Buch geholfen haben, danke ich ganz herzlich. Mein Dank geht ebenso an die Mühlenkreis-Verwaltung, die mit der schönen Landkarte auf den Seiten 6 und 7 einen wichtigen Beitrag zu diesem Buch geleistet hat.
Möge sie dem Mühlenfreund den Weg zu unseren Mühlen weisen. Glück zu!

Winfried Hedrich

Im Gedenken
an **Wilhelm Brephol**, den Vater der Westfälischen Mühlenstraße, und für alle aktiven Mühlenfreunde, die sein Werk fortführen.

Alte liebe, traute Mühle,
lass zur Rast und Ruh mich ein,
was an Sorg und Leid ich fühle,
soll bei Dir vergessen sein.
           Tafel an der Weihersmühle in Weismain, Franken

Impressum

Sutton Verlag GmbH
Hochheimer Straße 59
99094 Erfurt
http://www.suttonverlag.de
Copyright © Sutton Verlag, 2011

ISBN: 978-3-86680-822-5

Gestaltung: Markus Drapatz
Druck: xPrint s.r.o. | 261 01 Příbram, Tschechische Republik
Fotos: Winfried Hedrich

Vorwort

Die Westfälische Mühlenstraße – ein einzigartiges Freilichtmuseum

Der Mühlenkreis Minden-Lübbecke ist deutschlandweit bekannt. Die Zahl der Wind-, Wasser- und Rossmühlen ist in dieser Vielfalt nur hier anzutreffen. Die Geschichte des heimischen Mühlenwesens umfasst mehr als 1.000 Jahre; so lange ist es her, dass Mühlen urkundlich in den Chroniken des Stiftsorts Levern erwähnt wurden. Die älteste noch erhaltene Mühle ist die Bockwindmühle in Rahden-Wehe, die noch vor 1650 errichtet wurde. Die jüngste ist der originalgetreue Nachbau einer Schiffmühle, die als einzige mahlfähige Mühle Deutschlands dieser alten Bauart vor Minden in der Weser liegt. Die Mühlen sind wesentlicher Bestandteil der Kulturgeschichte unserer Region, die seit jeher landwirtschaftlich geprägt wurde. Sie dokumentieren den Einzug der Technik auf dem Land. Dieses einmalige Freilichtmuseum aus 43 restaurierten Mühlen erstreckt sich über das gesamte Kreisgebiet. Die Westfälische Mühlenstraße verbindet die Mühlen-Ortschaften miteinander. Möglich wurde dies durch die Initiative des damaligen Kreisheimatpflegers Wilhelm Brepohl, dem es vor fast 40 Jahren mit dem zu dieser Zeit amtierenden Oberkreisdirektor Dr. Rolf Momburg gelang, politische Vertreter, Verwaltungen, Denkmalämter, Heimatpfleger, Vereine und Mühlenbesitzer für das große Projekt der Mühlenrettung zu gewinnen. Seit 1978 werden die Mühlen durch den „Mühlenverein im Kreis Minden-Lübbecke e. V." unterhalten. Viele der fast 1.000 Mitglieder sind ehrenamtlich in Mühlengruppen engagiert und ermöglichen die beliebten Mahl- und Backtage, die in jedem Jahr tausende von Besuchern zu den Mühlen ziehen und die Denkmäler lebendig werden lassen. Unterstützt werden die Mühlengruppen durch den vom Mühlenverein und dem Kreis Minden-Lübbecke unterhaltenen Mühlenbauhof dessen Mitarbeiter die Mühlen technisch und denkmalgerecht instand halten. Diese Einrichtung ist in Europa einzigartig. Die Mühlenbegeisterung hat dem Kreis Minden-Lübbecke ein in dieser Form seltenes Freilichtmuseum, eine gemeinsame Identität und eine beliebte Freizeitattraktion beschert. Mühlenbegeistert ist seit Jahren der Autor dieses Buches, Winfried Hedrich aus Rahden. Als Dipl.-Ing. Maschinenbau und Fotograf ist er der Faszination dieser technischen Monumente erlegen und dokumentiert seit Jahrzehnten die Entwicklung der Westfälischen Mühlenstraße. Dieses Buch ist ein eindrucksvoller Rundblick auf eine wunderschöne Mühlenlandschaft und macht Lust auf eine Entdeckungsreise. Ich lade Sie herzlich ein!

Minden, im Februar 2011

Wilhelm Krömer
Vorsitzender des Mühlenvereins im Kreis Minden-Lübbecke e.V.
Landrat a.D.

Mühlenroute

 „Holländer" Windmühle

 Bockwindmühle

 Windmühle auf Wassermühle

 Wassermühle

 Roßmühle

 Schiffmühle

 Stumpf einer früheren Windmühle, nicht zur Restaurierung vorgesehen

 Mühlenbauhof Frille

 Mühlenroute zwischen Wiehengebirge und Sternweder Berg

 Mühlenroute rechts und links der Weser

 Mühlenroute beiderseits des Weser- und Wiehengebirges

 Mühlen im Kreis Minden-Lübbecke

B: Besichtigung
MBT: Mahl- und Backtag
WC: Toilette
BehWC: Behinderten-Toilette
Info: ausführliches Informationsmaterial

Windmühle Minden-Meißen

Mit der Windmühle Meißen beginnt die Reihe der Wind-, Wasser- und Rossmühlen der Mühlenstraße. Mit seinem glatten Turm und dem gepflegten Umfeld ist der Wallholländer von 1869 eine angenehme Erscheinung in der Landschaft. Seit der Restaurierung ist er wieder mit windgängigen Segelflügeln und einer Windrose ausgestattet. Im neuen Müllerhaus werden Besucher mit Kaffee und Kuchen aus dem Backofen alter Bauart bewirtet.

INFO: FAMILIE HOHMEYER
MEISSENER DORFSTR. 16
2423 MINDEN-MEISSEN

Wind- und Wassermühle Petershagen-Lahde „Klostermühle"

Die Klostermühle Lahde wird 1292 erstmals in einer Urkunde des Marienklosters Lahde erwähnt. Im Jahr 1871 wurde Carl Meyer Besitzer der Klostermühle. Die Familie Meyer hat den Mühlenbetrieb lange in wechselvoller Geschichte geführt.

Kombinierte Wind- und Wassermühlen wie die in Lahde sind selten, einzige Parallele ist die Wasser- und Windmühle in Hüven im Emsland.

Nach einem Brand in der Wassermühle plante Meyer 1876 die Errichtung einer Windmühle auf dem Wassermühlenbau. Im Jahr 1880 wurde die Holländermühle mit hohem Turm fertiggestellt. Die vorhandenen Mahlgänge konnten nun wechselweise entweder von Wind oder Wasser betrieben werden. Um 1900 war je ein Mahlgang mit Sichtvorrichtung für Weizen- und Roggenmehl in Betrieb.

In den 1930er-Jahren war der Windantrieb nicht mehr funktionsfähig und die Klostermühle somit wieder zur Wassermühle geworden. Das hölzerne Wasserrad wurde 1955 durch eine Turbine ersetzt. Im Jahr 1962 wurde das Mahlen von Getreide ganz aufgegeben und nur noch Industriemehl, z.B. aus Bohnen, gemahlen.

Karl Meyer, der Enkel des Mühlenbauherrn, starb 1998. Die aktive Müllerfamilie gab die Müllerei nach 700 Jahren Mühlengeschichte auf. Die noch vorhandene Turbine dient heute zur Stromerzeugung.

2 Wind- und Wassermühle Petershagen-Lahde „Klostermühle"

Ab 1980 wurden durch den Mühlenverein in einer großen Aktion Galerie, Haube mit Flügeln und Windrose wiederhergestellt. Damit hat die Klostermühle wieder ihre alte Schönheit erhalten. Im Jahr 2008 erfolgte eine umfassende äußere Restaurierung. Im Innern ist die komplette Einrichtung noch vorhanden. Die Nachkommen der Familie Meyer sind in anderen Berufen tätig. Sie öffnen die Mühle täglich von 10–18 Uhr und geben gern Auskunft über die heutige Mühle und ihre lange Geschichte.

INFO: FAMILIE LAUBMEYER, MEIERHÖFE 5
32469 PETERSHAGEN-LAHDE
TEL.: 05702-1674
FAX: 05702-1436
WWW.KLOSTERMUEHLE-LAHDE.DE
LAUBMEYER@TELEOS-WEB.DE

Windmühle Petershagen-Bierde

Der Wallholländer mit seiner originellen achteckigen Form wurde im Jahr 1802 erbaut. 1908 wurde unweit des Mühlenwalls ein zweigeschossiges Backsteingebäude errichtet, um einen Motormahlbetrieb aufzunehmen. Die anfangs als Antrieb dienende Lokomobile wurde 1929 durch einen Glühkopfmotor und später, der technischen Entwicklung folgend, durch einen E-Antrieb ersetzt. In den 1950er-Jahren erweiterte man den Motormahlbetrieb noch einmal und gab den Windmühlenbetrieb dann ganz auf.

Die Mühle ist im Familienbesitz. 1971 gab man nach dem Tod des letzten angestellten Müllers Möhring den gewerblichen Betrieb auf. Für den Eigenbedarf blieb die motorisierte Mühle noch bis 1990 in Betrieb.

Die Mühle kann nach Anmeldung besichtigt werden. Ein Besuch lohnt sich, da die Mühle einige bautechnische Besonderheiten zu bieten hat. Die Mühlengruppe nimmt am Mahl- und Backprogramm teil.

INFO: Thomas Brase, Bierderloh
32469 Petershagen-Bierde
Tel.: 05702-4621
www.windmuehle-bierde.de
MBT, B, WC, einf. Bewirtung

Der achteckige Mühlenturm ist voll verschindelt und trägt die Haube mit den stattlichen Jalousieflügeln.

Interessant ist die solide Windrosenanlage mit Lagerböcken aus Eichenholzgabeln.

Bockwindmühle Neuenknick

Die Bockwindmühle Neuenknick steht malerisch auf der „Holge", dem höchsten Punkt der Neuenknicker Feldmark. Die Bockwindmühle wurde 1747 in Warmsen/Niedersachsen gebaut. Über 150 Jahre versah sie dort ihren Dienst, ehe sie 1899 nach Petershagen-Neuenknick umgesetzt wurde. Die Mühle ist bis heute in ihrer ursprünglichen Bauart erhalten geblieben. Der Bockstuhl ist nicht verkleidet, das Dach und die Windseite sind geschindelt. Mit einer Haspel am Ende des elf Meter langen Sterts kann die Mühle, die noch mit Segelflügeln ausgerüstet ist, in den Wind gedreht werden. Die Bockwindmühle wird auch „Deutsche Mühle" genannt und war vor der „Holländer Mühle" Stand der Windmühlentechnik. Im Kreis Minden-Lübbecke existieren noch drei Bockwindmühlen, sie zählen zu den ältesten Mühlen der Westfälischen Mühlenstraße. Außer in Neuenknick stehen Bockwindmühlen in Rahden-Wehe (22) und Stemwede-Oppenwehe (24). 1962 wurde der Mühlkasten außen überholt, neu verbrettert und geschindelt.

INFO: ERWIN MÖHLENBROCK
ZUR BOCKWINDMÜHLE 28
32469 PETERSHAGEN-NEUENKNICK
TEL.: 05705-7193, B

Königsmühle Seelenfeld

Die Königsmühle Seelenfeld steht mit 74 m ü. NN auf dem höchsten Punkt der alten Bauernschaft Seelenfeld. Sie ist eine der drei Königsmühlen der Westfälischen Mühlenstraße und hat mit den beiden anderen gewisse bauliche Gemeinsamkeiten. Der dreistöckige Bruchsteinturm ist schlank, die kleinen Fenster sind nach den vier Himmelsrichtungen ausgerichtet und die Eingänge sind relativ schmal. Über dem Eingang der Seelenfelder Königsmühle ist eine Steintafel mit der Inschrift „FWR 1731" angebracht. Fridericus Wilhelmus Rex, der legendäre Soldatenkönig, ließ diese Mühle 1731 erbauen (Bild unten).

INFO: Friedrich Dralle
Königsmühle 4
32469 Petershagen-Seelenfeld
Tel.: 05705-7117
fritz.dralle@koenigsmuehleseelenfeld.de
B, WC, Beh.WC

6 Wassermühle Döhren „Plaggen Mühle"

Schon 1721 wird in einer preußischen Bestandsaufnahme der Mühlen Arnold Plagge als Müller genannt. Die auf ihren Besitzer zurückgehende Bezeichnung „Plaggen Mühle" ist bis in die Gegenwart erhalten geblieben. Seit 1724 ist der Name Ehlerding mit der Mühle verbunden.

Etwa 30 Jahre später wurde das Fachwerk-Mühlengebäude mit Backsteinfundament errichtet. Das Wasser des oberhalb der Mühle angestauten Puttkemühlenbachs treibt das oberschlächtige Wasserrad mit einem Durchmesser von 3,3 m und einer Breite von 1,4 m an.

Eine Erweiterung erfuhr der Betrieb durch die Einrichtung eines Sägegatters und einer Kreissäge im Jahr 1878.

Ab 1910 betrieb Familie Ehlerding neben der Mühle Landwirtschaft, die Müllerei war zum Nebenerwerb geworden. Bis 1964 wurde der Betrieb in geringem Umfang, z.T. als Rapsmühle, weitergeführt und dann aufgegeben. Nach 250 Jahren endete hier der aktive Mühlenbetrieb.

Im Jahr 1984 begannen Arbeiten zur Restaurierung der Mühlenanlage. Engagierte Mitglieder der Kulturgemeinschaft Döhren und die Familie Ehlerding leisteten in vielen Arbeitsstunden den Hauptbeitrag für den Aufbau der heutigen Mühleneinrichtung. Unterstützung erfuhren die Döhrener durch den Mühlenbauhof, der eine Mühlenausstattung aus dem Münsterland hier wieder einbaute. Der Einbau des Getriebes nebst Adaptierung an den vorhandenen Antrieb ist eine besondere Leistung. Der Oberantrieb der beiden Mahlgänge ist in dieser Form selten in Deutschland anzutreffen.

Das Jahr 2006 brachte noch eine wesentliche Erweiterung der „Plaggen Mühle". Fast könnte man meinen, dass der alte technische Stand von 1878 wieder hergestellt sei. Zur Freude der Eigentümer und aller Mühlenliebhaber fand sich in Luhden bei Bad Eilsen ein kleines Sägewerk, das über ein Horizontalgatter verfügte, mit dem die Mühle komplettiert werden konnte. Angetrieben wird die Sägemühle von einem großen Wasserrad, auf dessen Welle ein Flachriemenrad montiert wurde.

Die Mühle ist ein beliebtes Ziel an Mahl- und Backtagen, da hier viel Mühlentechnik zu sehen ist. Der Besucher weiß nicht, was er mehr bewundern soll: die reine Technik oder den Fleiß der Erbauer, die diese Einrichtung hierher „verpflanzt" haben.

INFO: BURKHARD EHLERDING
TIPPERBERG 5
32469 PETERSHAGEN-DÖHREN
TEL.: 05705-410 UND 05705-1727
PLAGGENMUEHLE@WEB.DE
MBT, WC, BEHWC, B, EINF. BEWIRTUNG

Das „Gerinne" der Plaggen-Mühle mit dem neuen Antrieb für die Sägemühle (rechts), Müllers Arbeitsplatz, Vorsicht: alle Wellen und Räder laufen ohne Schutz (links).

7 Windmühle Heimsen

Heimsen an der Weser ist ein alter Mühlenstandort. Der Wallholländer von 1873 mit seinem stark kegeligen soliden Turm steht auf einem Erdwall mit Durchfahrt. Seit der Restaurierung ist er wieder mit zwei Jalousie- sowie zwei Segelflügeln und einer Windrose ausgestattet. Nach der Mühlenerhebung von 1910 waren hier eine Wind- und eine Dampfmühle vorhanden. Dies muss als eine relativ frühe Modernisierung des Mühlenbetriebs gesehen werden. Der Dampfantrieb wurde aber schon nach dem Ersten Weltkrieg durch einen Elektromotor ersetzt. Im Jahr 1947 wurde das heute noch vorhandene Getreidesilo eingebaut. Das Silo diente in erster Linie zur Einlagerung des eigenen Getreides. Die Veränderung des Mühlenbetriebs von der Lohn- zur Handelsmüllerei zeichnete sich in dieser Zeit deutlich ab. Bis 1945 wurde die Windmühle nur noch mit zwei Flügeln betrieben.

Ab 1956 bis zur Einstellung des Mühlenbetriebs wurde hier nur noch mit Motorkraft gearbeitet. In den letzten Jahren hat die Umgebung der Windmühle Heimsen wesentliche Veränderungen erfahren. Der Ausbau einer auf dem Mühlengelände an der Bössel gelegenen Scheune zu einem Mühlenvereinslokal wurde von den Mitgliedern der Interessengemeinschaft Windmühle Heimsen in Angriff genommen. Das Ergebnis kann sich sehen lassen: ein solides Backsteingebäude mit allem neuzeitlichen Komfort. Das neue Haus macht die Bewirtung von Gästen nicht nur an den beliebten Mahl- und Backtagen in größerem Umfang möglich. Mit seinem im rustikalen Stil gestalteten Saal und dem gemütlichen Ambiente lädt das Müllerhaus zu längerem Verweilen ein. Bei Mühlentagen, Versammlungen, Hochzeiten und privaten Feiern jeder Art finden bis zu 120 Personen Platz. Bei Bedarf kann die Terrasse mit einem Zeltanbau erweitert werden.

Heimsen liegt an der bekannten Storchenroute. Das Gelände ist durch die Weser mit ihren weiten Auenflächen für den Storch ideal. Ein alter Nistplatz liegt unmittelbar neben der Windmühle. In jedem Jahr erblicken in Heimsen Störche das Licht der Welt und kehren wieder hierher zurück. Rechts: Jungstörche bei ihren Flugübungen, der Abflug steht bald bevor.

Die Windmühle liegt unmittelbar an der Hauptstrasse „Bössel". Radtouristen kommen häufig nach Heimsen, um die Windmühle zu besichtigen. Jochen Plenge führt einer Besuchergruppe die Mühle im Betrieb vor (links).

7 Windmühle Heimsen

Die Kücheneinrichtung steht bei allen Veranstaltungen zur Verfügung. Spezielle Themenabende sind hier besonders beliebt. So gab es z.B. einen „Westernabend", „Seemannsabend", „Heimatabend", ein „Oktoberfest" und Themenparties wie die „Spanische-", „Irische-" und „Französische Nacht", allesamt gelungene Veranstaltungen der Interessengemeinschaft Windmühle Heimsen.

Bei diesen Events kann die Windmühle individuell beleuchtet werden. Diese farbigen „Lichtspiele" auf dem sauberen weißen Mühlenturm verleihen der gesamten Umgebung ein romantisches Flair. In der „Nacht der beleuchteten Mühlen", einer bis dahin einmaligen Veranstaltung im August 2006, waren die meisten Mühlen der Westfälischen Mühlenstraße illuminiert. Mit ihren beleuchteten Flügeln war die Windmühle Heimsen ein besonderer Hingucker.

INFO: WINDMÜHLE HEIMSEN
BÖSSEL 15
32469 PETERSHAGEN-HEIMSEN
JOCHEN PLENGE
TEL.: 05768-1598
FAX: 05768-1599
WWW.WINDMÜHLE-HEIMSEN.DE
MBT, WC, BEHWC, B

Windmühle Großenheerse

Der Turm der Windmühle Großenheerse hat eine im Mühlenkreis einmalige Bauform und stellt eine echte Besonderheit dar. Der Wallholländer wurde 1863 als achteckiger Backsteinbau errichtet. Originell sind dabei seine bis unter die Haube reichenden Ecklisener. Die Mühle steht auf einem Erdwall mit einer Durchfahrt. Die windgängigen Segelflügel und der auffallende breite Stert zum Drehen der Haube befinden sich noch im Originalzustand.
Im Innern der Mühle ist die Jahreszahl 1863 angebracht, die wohl als Baujahr angenommen werden darf. Aus dieser Gründerzeit ist eine interessante Episode überliefert. Am 7. Februar 1863 beschwerte sich Karl Korte beim Landratsamt Minden:
„*Bereits im Oktober v. J. habe ich beim Amte in Schlüsselburg den Antrag nach Erteilung der Commission zur Anlage einer Windmühle gestellt, bin jedoch bis heute hingehalten. Da ich in diesen Tagen schon den fraglichen Bau zu unternehmen beabsichtige, so bitte ich, das Amt Schlüsselburg zur endlichen Commissionserteilung veranlassen zu wollen*".
Der Antrag hat wohl zum Erfolg geführt.

Windmühle Großenheerse

Die komplette Einrichtung ist noch vorhanden und funktionsfähig. In den 1950er-Jahren stellte Korte den Mühlenbetrieb ein, denn eine Modernisierung der Mühle wäre unwirtschaftlich gewesen. Der Mühlenverein wurde Eigentümer der Mühle und renovierte sie mitsamt der Nebengebäude gemeinsam mit einem Pächter. Im Müllerhaus entstand das gemütliche Café-Restaurant „Zum letzten Streich". Der integrierte Hotelbetrieb ist Anlaufstelle für alle müden Wanderer und Radfahrer, die auf der Westfälischen Mühlenstraße links und rechts der Weser unterwegs sind.

INFO: WINDMÜHLE GROSSENHEERSE, GROSSENHEERSER MÜHLE 1
32469 PETERSHAGEN-GROSSENHEERSE
MARITA POHLMANN, EWALD HOFER
TEL.: 05765-7330
MÜHLENGASTHOF/PENSION „ZUM LETZTEN STREICH", GANZJÄHRIG GEÖFFNET
INFO@WINDMUEHLEGROSSENHEERSE.DE, WWW.WINDMUEHLEGROSSENHEERSE.DE
MBT, B, WC, BEHWC

Pottmühle Petershagen

An diesem besonders exponierten Standort hoch über dem Weserufer wurde bereits 1745 eine Königsmühle errichtet. Wie bei Königsmühlen üblich, wurden die Mühlen anfangs von Pächtern betrieben. Nach einer wechselvollen Geschichte wurde die Mühle im Jahr 1883 von der Müllerfamilie Büsching erworben. Müller Büsching, der als „wandernder Müllerbursche" in ganz Deutschland Erfahrungen sammeln konnte, hatte in den 1930er-Jahren gute Gründe, den Mühlenbetrieb umzugestalten. Sicher haben die engen Platzverhältnisse der Königsmühle dazu beigetragen, die Mühle schließlich abzureißen. Der 1938 errichtete Galerie-Holländer ist doppelt so hoch und breit wie die alte Königsmühle. Der Zeit entsprechend, war die neue Mühle mit modernstem Gerät ausgestattet. Das „Mühlensterben" ging aber auch an dieser stattlichen Mühle nicht vorbei. Nach einem Blitzschlag, der 1963 einen Flügel beschädigte, wurde der Windantrieb stillgelegt und die gewerbliche Müllerei bald darauf beendet.

INFO: FAMILIE BÜSCHING, KREISSTR. 1, 32469 PETERSHAGEN, TEL.: 05705-539

Windmühle Petershagen „Büschingsche Mühle"

Der Wallholländer mit seinem hölzernen Achtkant steht am südlichen Ortsrand von Petershagen auf der linken Weserseite. Die Büschingsche Mühle wurde 1810, also zur Zeit der französischen Verwaltung, vom Müller Schwier errichtet. In der langen Geschichte wechselten oftmals die Betreiber. 1930 ging die Mühle vom Müller Wüsteney in den Besitz der Familie Büsching über, die sie bis 1938 mit Windkraft betrieb. 1965 endete, zuletzt mit Elektroantrieb, auch hier die aktive Müllerei. Im Jahr 1984 begannen erste Restaurierungsarbeiten; die Mühle bekam neue Segelflügel und eine Windrose. 2002 wurde hier eine neue Müllergruppe gegründet. Umfangreiche Arbeiten des Mühlenbauhofs machten es möglich, dass 2005 erstmals seit 1938 wieder mit Windantrieb geschrotet werden konnte. Heute zeigt sich Büschings Windmühle stilecht im vollen Schindelkleid.

INFO: WINDMÜHLE PETERSHAGEN, MINDENER STR. 61, 32469 PETERSHAGEN
DANIELA BOLLER
TEL.: 05707-8719
WWW.MUEHLE-BUESCHING.DE, EINF. BEWIRTUNG

Windmühle Todtenhausen „Valentinsmühle"

Heinrich Klöpper, genannt Valentin, ließ an diesem Platz zunächst eine Wassermühle erbauen, musste sie aber später wegen Wassermangels wieder aufgeben. Der Erdholländer mit drei Mahlgängen wurde 1858 gebaut. Bis 1875 wurde die Mühle vor der Familie betrieben, danach bis 1934 verpachtet und bis zur Einstellung der Müllerei Ende der 1960er-Jahre nur noch für den Eigenbedarf genutzt. Jahre des Verfalls folgten, bis am 1. April 1987 eine lokale Zeitung eine Zeichnung mit kompletter Haube und Flügeln veröffentlichte. Eine Idee war geboren: Aktive Bürger gründeten eine Mühlengruppe und die Mühle wurde in das Mühlenerhaltungsprogramm aufgenommen. Heute zeigt sich die Mühle äußerlich wieder als gepflegte Windmühle und kann besichtigt werden.

INFO: Hans Schwier
Valentinsweg 3
32425 Minden-Todtenhausen
Tel.: 0571-48281, B

Windmühle Todtenhausen *„Großenheider Königsmühle"*

Die Windmühle Todtenhausen ist eine der drei noch vorhandenen Königsmühlen im Mühlenkreis. Ihr Alter ist nicht genau bekannt, da hier eine Tafel mit dem Baudatum fehlt. Die Königsmühle Eilhausen (30), die um 1720 erbaut wurde, ist die älteste Königsmühle, die Seelenfelder Königsmühle (5), erbaut 1731, ist etwa gleich alt wie die Großenheider Königsmühle. Die Königsmühlen haben gleiche Baumerkmale. So waren sie ursprünglich mit einem Stert ausgerüstet, um die Flügel in den Wind zu drehen. Eine weitere Gemeinsamkeit ist der schlanke Turm mit dem engen Eingang. Nach Fertigstellung wurde die Mühle verpachtet. Die Pächter wechselten häufig, da hohe Abgaben an den Staat zu entrichten waren. Im Jahr 1764 kam es zur Versteigerung. Während der „Franzosenzeit" (1806–1813) wurde 1808 der Mahlzwang aufgehoben

und die Gewerbefreiheit eingeführt. Seit 1851 ist die Königsmühle Großenheide mit dem Namen der Müllerfamilie Beckemeier verbunden. Im Jahr 1924 wurde Wilhelm Christian Beckemeier geboren, der den Mühlenbetrieb bis 1954 führte. Neben der Landwirtschaft fuhr er 35 Jahre lang den „Milchsammelexpress". Heute ist die Mühle im Besitz seiner Tochter. Die Mühle kann noch mit dem 1922 installierten Elektromotor angetrieben werden. Bei Besichtigungen gibt der 87-jährige Wilhelm Christian Beckemeier gern Auskunft und erzählt aus dem bewegten Leben einer alten Müllerfamilie.

INFO: WILHELM BECKEMEIER
NORDHOLZER STR. 110
32425 MINDEN-TODTENHAUSEN
TEL.: 0571-46972, B

Wilhelm Christian Beckemeier (87) in der Großenheider Königsmühle. Er ist der letzte Müller aus einer Familie, die seit mehr als 150 Jahren mit dem Mühlenhandwerk verbunden ist.

13 Windmühle Stemmer

Die Windmühle Stemmer ist mit ihrer farbigen Erscheinung ein hübscher Anblick am nördlichen Stadtrand von Minden. Die Farben weiß, grün und gelb der Windrose repräsentieren die Farben des Dorfes Stemmer. Das zusätzliche Ziehrad und die Ruten der seit 1997 wieder windgängigen Jalousieflügel sind in leuchtendem Rot lackiert. Der Mühlenbetrieb wurde 1972 stillgelegt. Die Restaurierung der Mühle begann 1983 durch die Kulturgemeinschaft Stemmer und führte zum heutigen farbenfrohen Erscheinungsbild.

INFO: Wilfried Tiemann,
An der Stemmer Mühle 3
32425 Minden
Tel.: 0571-42036

Windmühle Rodenbeck 14

Die Rodenbecker Windmühle stellt alleine durch ihren stattlichen stark kegeligen Turm mit den vier Stockwerken eine Besonderheit dar. Weitere Merkmale sind die Galerie mit ihren 24 Ecken und die große Haube. Diese Haube ist die größte im Kreisgebiet und hat als einzige einen umlaufenden Gang. Über ein Ziehrad werden die Flügel in den Wind gestellt. Die Mühle bekam schon früh, um 1900, einen Zusatzantrieb. Auch hier gibt es eine Besonderheit: Der Elektroantrieb treibt über eine Transmission das große Stirnrad im Kopf und von dort die Mahlgänge an. Der Windantrieb wurde 1945 stillgelegt und die Müllerei nur noch bis 1954 für den Eigenbedarf betrieben. Die Mühleneinrichtung ist noch vorhanden und könnte wieder zum Laufen gebracht werden.

INFO: HERMANN BICKMEIER
MÜHLENDAMM 9
32429 MINDEN
TEL.: 0571-54669, B

Windmühle Meßlingen

An diesem Platz stand schon 1766, zur Zeit Friedrichs des Großen, eine Königliche Bockwindmühle. Einzige Reste dieser Bockwindmühle sind die zerbrochenen Mühlsteine, die als Fundament für die acht Eckpfeiler des Meßlinger Galerieholländers verwendet wurden. Die 1843 erbaute Mühle wurde 1883 an die Müllerfamilie Meyer verpachtet, in deren Besitz die Mühle 1903 überging. Im gleichen Jahr wurde in einem Nebengebäude auch eine Dampfmaschine als Hilfsantrieb bei Windstille installiert. 1909 wurde an Stelle des Sterts eine doppelte Windrose eingebaut, um die Flügel automatisch in den Wind zu stellen. Dieser Umbau sichert der Meßlinger Mühle bis zum heutigen Tag ihr im Mühlenkreis einmaliges Aussehen. Die doppelte Windrose ist das Markenzeichen der Meßlinger Windmühle. Die beiden Klappenflügel wurden 1936 eingebaut, um noch schneller auf wechselnde Windverhältnisse reagieren zu können.

Die Zeichen der Zeit deuteten aber auch hier auf das nahende Ende des Mühlenbetriebs hin. Ab 1950 wurde nur noch mit Elektroantrieb gemahlen. Im Jahr 1970 endete nach 200 Jahren der aktive Mühlenbetrieb an diesem Ort. Äußere Veränderungen wurden noch einmal 1996 vorgenommen, als vier der acht Ecksäulen ersetzt werden mussten und damit der Mühlenunterbau sein heutiges Aussehen erhielt. Seit auf dem Mühlengelände ein ehemaliges Heuerlingshaus errichtet wurde, ist die Meßlinger Mühle an Mahl- und Backtagen ein noch größerer Anziehungspunkt für Mühlenfreunde.

INFO: WINDMÜHLE MESSLINGEN, MESSLINGER MÜHLE 1, 32469 PETERSHAGEN-MESSLINGEN, MARLIS SENNE
TEL.: 05704-679
MBT, B, WC, EINF. BEWIRTUNG

Windmühle Wegholm

Die Wegholmer Windmühle mit dem malerischen kleinen Fachwerkbackhaus ist ein rechter Anziehungspunkt für den Mühlenfreund, der auf der Suche nach der schönsten Mühle ist. Dieser Wallholländer wurde 1861 als Ersatz für eine Hofmahlmühle gebaut. Zur Einrichtung gehörten von Anfang an zwei Schrotgänge, ein Mahlgang und eine Ölmühle. Im Jahr 1899 wurde der ursprüngliche Stert durch eine Windrose ersetzt. Müller Fullriede kaufte die Mühle 1927 und führte mehrere technische Veränderungen durch, u. a. wurde ein Elektromotor als Zusatzantrieb eingebaut, um vom Wind unabhängig zu sein. Eine Getreidereinigungsanlage wurde 1937 beschafft und ab 1939 konnte auch der Mehlgang mit der Sichtmaschine sowohl vom Wind als auch mit Motorkraft angetrieben werden. Ab 1939 erlernte Hermann Fullriede, Sohn des ersten Wegholmer Müllers, das Müllerhandwerk an der Holzhauser Mühle. Vater und Sohn Fullriede wurden als Soldaten eingezogen und der Mühlenbetrieb musste von den daheimgebliebenen weiblichen Mitgliedern der Familie weitergeführt werden. Nach Kriegsende führten Vater und Sohn den Betrieb, der später um eine Futtermittelhandlung erweitert wurde, fort. Hermann Fullriede erhielt 1999 von der Müllerinnung den „Goldenen Meisterbrief" für seine Verdienste um das Müllerhandwerk. Der Name Fullriede ist untrennbar mit der Geschichte der Wegholmer Mühle und dem Mühlenverein verbunden.

Info: Frau Fullriede
        Wegholmer Mühle 1
        32469 Petershagen-Friedewalde
        Tel.: 05704-652
        B, WC, einf. Bewirtung

Hermann Fullriede im Backhaus.

Windmühle Nordhemmern

Die Windmühle Nordhemmern, die auch unter dem Namen „Greftmühle" bekannt ist, liegt am Ortsrand von Nordhemmern und ist in der flachen Landschaft weithin sichtbar. Erbaut wurde der Wallholländer im Jahr 1838 aus grobem Sandstein auf einem hohen Erdwall. Die Greftmühle war mit ihrer komfortablen Einrichtung von Beginn an etwas individueller ausgestattet, worauf z.B. auch die bearbeiteten Deckenbalken in der Mühle hindeuten.

Auf dem Erdwall ist eine Steinplatte zu sehen, auf der eine Holländermühle mit Stert dargestellt ist. Dieser Stert musste später einer neunblättrigen Windrose weichen. Die Windrose, die sich nach der Restaurierung wieder im Originalzustand zeigt, ist die einzige dieser Art im Mühlenkreis.

Info: Windmühle Nordhemmern
Windmühlenweg 65
32479 Hille-Nordhemmern
Ludwig Giesebrecht
Tel.: 05703-2470

Windmühle Hartum 18

Am westlichen Ortsrand von Hartum steht seit 1877 dieser stattliche Wallholländer. Sein mächtiger Turm ist aus Bergkirchener Sandstein gemauert. Der einst vorhandene Erdwall wurde später durch ein gemauertes Erdgeschoss aus dem gleichen Material ersetzt. Hartum ist ein alter Mühlenstandort, denn hier stand schon 1564 eine Bockwindmühle, die damit zu den ältesten urkundlich belegten Windmühlen im Kreis gehört. Nachdem die alte Mühle baufällig geworden war, wurde 1877 die neue Windmühle errichtet. Im Turm ist eine Tafel angebracht, die neben dem Namen des Bauherrn und der Geminderäte folgende Inschrift trägt: „Gottes Mühlen mahlen langsam, mahlen aber trefflich fein, was mit Langmut er versäumt, holt mit Schärf er alles ein." Die Windmühlenhaube wurde über Gaffelrad und Ziehseil in den Wind gedreht, aber schon 1896 durch eine Windrose ersetzt. 1913 wurde ein E-Motor als Zusatzantrieb installiert. Nachdem 1942 in einer Sturmnacht ein Flügel abbrach, wurde die ganze Flucht abmontiert und bis 1967 nur noch mit Motorkraft gemahlen, ehe der Betrieb eingestellt wurde. Heute steht die Mühle zum Verkauf und wartet auf einen neuen Eigentümer.

INFO: ECKART HENTRICH, MINDENER STR. 32479 HILLE-HARTUM
TEL.: 0571-29746

Windmühle Südhemmern

Die stattliche Windmühle steht weithin sichtbar in der ebenen Landschaft am Ortsrand von Südhemmern. Der Wallholländer auf einem Erdwall mit Durchfahrt wurde 1880 erbaut. Sein Backsteinturm ist auf der Wetterseite verputzt. Die Nebengebäude mit dem alten Backhaus fügen sich harmonisch in die malerische Umgebung ein. Innerhalb der Westfälischen Mühlenstraße nimmt die Mühle Südhemmern einen besonderen Platz ein. Sie ist die erste Windmühle, die mit neuen Flügeln und einer reparierten Windrosenanlage im Jahr 1980 der Öffentlichkeit betriebsbereit vorgeführt werden konnte. Aus ihrer Geschichte sind interessante Details überliefert. Als im Jahr 1611 an diesem Platz die erste Windmühle, eine Bockwindmühle, errichtet wurde, sollen sich die Mindener Schiffmüller gegen dieses Vorhaben heftig zur Wehr gesetzt haben. Sie begründeten dies damit, dass der Neubau zur Schwächung der Schiffmüllerei und „zum Abbau ihrer Nahrung" führe. Die Mühle war im 19. Jahrhundert mit je einem Schrot-, Graupen- und Beutelgang sowie einem Ölschlag ausgestattet. Im Jahr 1911 wurde als Hilfsantrieb eine Dampfmaschine installiert, die 1924 durch einen Elektromotor ersetzt wurde. In den 1960er-Jahren waren Reparaturen in größerem Umfang fällig. Der letzte Müller entschloss sich dazu, den Betrieb bis auf eine kleine Schrotmühle einzustellen. Die Windmühle ist inzwischen restauriert und das Backhaus liefert wieder Brot und Kuchen für die Besucher. Ein Müllerhaus wird zudem als Dorfgemeinschaftshaus genutzt. Ein Stall und eine Scheune runden das Ensemble ab. Die Windmühle Südhemmern ist die einzige, die über die Landstraße, die Schiene, mit der Museumseisenbahn (Haltestelle Specken), und auf dem Wasserweg über den Mittellandkanal erreichbar ist. Diese verkehrsgünstigen Voraussetzungen haben dazu beigetragen, dass Südhemmern der bekannteste Mühlenstandort im Kreis geworden ist.

INFO: HANNI HORSTMEIER
TEL.: 05703-602 (13–14 UHR)
WERNER STEINKAMP
TEL.: 05703-1408
B, MBT, WC, BEHWC,
EINF. BEWIRTUNG

20 Windmühle Hille „Auf der Höchte"

Der Erdholländer steht „auf der Höchte", der mit 67 m ü. M. höchsten Erhebung über der Ortschaft Hille. Einen besseren Platz hätte der Bauherr 1733 nicht finden können, denn hier bläst fast immer der Wind. Nach mehr als 250 Jahren wurde der Windmühlenbetrieb, zuletzt nur noch mit Motorkraft, im Jahr 1956 eingestellt. Flügel und Windrose waren schon Jahre vorher nicht mehr funktionsfähig. Seit 1999 präsentiert sich die einst königliche Mühle mit neuer Haube, rechtsdrehenden Flügeln und funktionierender Windrose.

Am 11. November 1999 bekam die Hiller Windmühle „Auf der Höchte" eine neue Haube.

INFO: HEINRICH VON BEHREN, HÖCHTE 10, 32479 HILLE, TEL.: 05703-1357, B

Windmühle Rahden-Tonnenheide

Der Galeriehollander hat einen glatten, achteckigen Turm dessen Ecklisenen bis an die Galerie reichen. Die stattliche Windmühle mit der zierlichen Haube wurde 1878 erbaut. In ihrem gepflegten Zustand ist sie eine echte Augenweide. Die Dauer ihres aktiven Betriebs währte hingegen nur sechzig Jahre. Das Bauwerk aus Feldbrand-Ziegelsteinen ist sehr solide ausgeführt. 1913 zerstörte ein orkanartiger Sturm die gesamte Flucht, Mahlen mit Wind war fortan nicht mehr möglich. Dem Trend folgend, stellte die Müllerfamilie den Betrieb auf Motorkraft um. Die Mühleneinrichtung wurde erneuert und umgerüstet.

Der so modernisierte Mühlenbetrieb lief bis 1938, bis wegen der starken Belastung der Motor zu Bruch ging. Der Müller entschloss sich daraufhin, die Müllerei aufzugeben, weil der Betrieb unrentabel geworden war. Jahrzehnte des Verfalls gingen ins Land, ehe man 1975 darüber nachdachte, den heruntergekommenen Schandfleck zu sprengen. Doch die Tonnenheider setzten sich für die Erhaltung der Mühle ein und dank gemeinsamer Anstrengungen vor Ort gelang es, die Mühle in ihrer alten Schönheit wiederherzustellen. Im Mühlengebäude wurde eine Begegnungsstätte eingerichtet, in der seit 1996 auch standesamtliche Trauungen vollzogen werden können, denn die Mühle ist nun „Außenstelle" des Rahdener Standesamtes. Die weiße Mühle ist somit zur „Hochzeitsmühle" geworden. Anfang 2000 wurde ein neues Fachwerkhaus errichtet, um Mühlenbesucher und

Hochzeitsgesellschaften in größerem Umfang bewirten zu können. Seit 1996 haben in der Tonnenheider „Hochzeitsmühle" mehr als 800 Paare den Bund fürs Leben geschlossen. Die Stadt Rahden bietet hier die besten Voraussetzungen und tollen Service. Vom Sektempfang bis zum Hochzeitsball und einem ausgefallenen Wochenend-Arrangement wird alles angeboten.

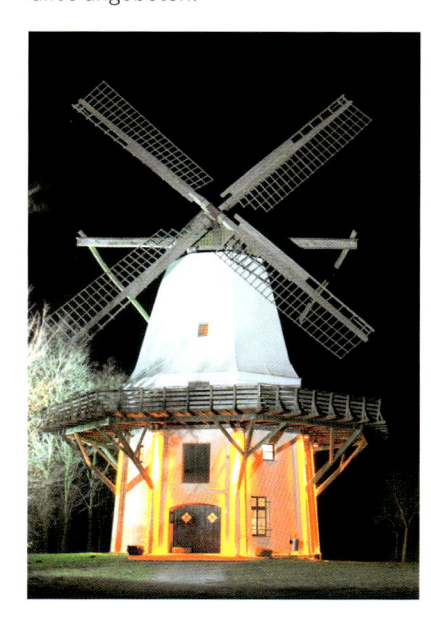

Info: Windmühle Tonnenheide
Mindener Str. 185
32369 Rahden-Tonnenheide
Wilfried Buschmann
Tel.: 05771-916796
Fax: 05771-95 11 87
B, WC, BehWC
Bewirtung von Gruppen mit 15–50 Personen
Standesamt Rahden:
Tel.: 05771-7316
Fax: 05771-7360

Bockwindmühle Rahden-Wehe

Fest steht, dass an diesem Platz schon im 14. Jahrhundert eine Mühle stand. Die Weher Bockwindmühle entstand vor 1650 und ist somit die älteste Windmühle im Kreisgebiet. Zu dieser Zeit war die Mühle im Besitz der Rahdener Kirche. Im Jahr 1732 wurde der preußische Staat Eigentümer. Damals waren die massiv gebauten Königsmühlen auf einem höheren technischen Stand und der Staat verkaufte die Bockwindmühle 1771 wieder. Sie wurde Privateigentum und wechselte in der Folgezeit häufig den Besitzer.

Technische Veränderungen hielten seit Ende des 19. Jahrhunderts Einzug. Ein Dieselmotor wurde angeschafft, um bei Windstille die Mühle und eine inzwischen installierte Kreissäge anzutreiben. Der Motor wurde später durch einen stärkeren Antrieb, Marke „Baumi" ersetzt. Mit den Jahren verfiel die Mühle zusehends und es wurde überlegt, sie wieder in den Zustand von vor 1700 zu versetzen. 1982 wurde die Mühle zerlegt und mit dem alten Schrotgang neu aufgebaut. Im Jahr 1991 kaufte der Mühlenverein im Kreis Minden-Lübbecke die Bockwindmühle und machte sie zur „Vereinsmühle". Heute präsentiert sich die Mühle wieder in ihrem ursprünglichen Zustand. 1994 wurde ein Backhaus errichtet, um die an Mahl- und Backtagen zahlreichen Besucher mit Platenkuchen und Schmalzbroten bewirten zu können. Wer die geschätzten Rosinenbrote und die Dinkelwaffeln mit Kirschen und Sahne genießen will, sollte sich rechtzeitig auf den Weg nach Wehe machen.

Die Bilder oben zeigen v. l. n. r. die Bockwindmühle im zerlegten Zustand 1982/83, auf der rechten Seite sieht man noch die alte Seitentasche, die Vorderseite nach der Renovierung im Jahr 2000, der Bockstuhl ist nicht verkleidet, zwei Mitglieder der Weher Mühlengruppe bei der Besegelung der Flügel, hier ist deutlich der seit 2001 auf der Wetterseite verkleidete Bockstuhl zu sehen, den hölzernen Müller, der Ausschau nach einem Mahlgast hält.

Heinrich Wiegmann beim Einfüllen der Rosinen in das Teigrührwerk.

Info:	Bockwindmühle Wehe	Heinrich Wiegmann	Dieter Windmüller
	Zur Bockwindmühle 35	Tel.: 05771-3560	Tel.: 05771-4550
	32369 Rahden-Wehe	he-wiegmann@t-online.de	B, MBT, WC, BehWC, Bewirtung von Gruppen bis 70 Personen

Rossmühle im Museumshof Rahden

Die Rossmühle im Museumshof Rahden stand früher in Tonnenheide-Hahnenkamp. Dort war sie um 1860 errichtet worden, um bei Windstille den Mahlbetrieb der an diesem Platz vorhandenen Bockwindmühle zu übernehmen. Typisch für die früher zahlreichen Rossmühlen ist der quadratische Fachwerkbau aus dessen Mitte die stehende Welle ragt, an der ein Ziehbaum befestigt ist. An diesen „Göpel" werden die Zugtiere gespannt, die um das kleine Mühlenhaus gegen den Uhrzeigersinn herumlaufen. Das Ganze erinnert an eine große Kaffeemühle. Neben einem Schrotgang wurde in erster Linie eine Bokemühle mit vier Stampfen angetrieben. Die Rossmühle ist Bestandteil des bekannten Museumshofs Rahden. Kernstück ist das zwischen 1962 und 1966 wieder aufgebaute Bauernhaus von 1689. Zum Hof gehören außerdem Speicher, Backhaus, Immenstand, Scheune, Schafstall, Ziehbrunnen sowie Nebenwerkstätten wie Schmiede, Holzschuhmacherei, Böttcherei und Stellmacherei. Alle Gebäude sind aus den Ortschaften der näheren Umgebung zusammengetragen und hier liebevoll wieder rekonstruiert worden. Der Museumshof bietet neben den beliebten Mahl- und Backtagen, an denen im alten Steinofen gebackenes Brot und Kuchen angeboten werden, die Vorführung alter bäuerlicher Tätigkeiten. Zwei Dauerausstellungen bieten sich dem Besucher an: „Leinenerzeugung" und „Bäuerliche Kleidung". Für Schulklassen gibt es museumspädagogische Angebote: „Mit Wolle oder Flachs arbeiten", „Backen von Brötchen im alten Steinofen", „Honigerzeugung in alter Zeit" etc. Gruppenführungen gibt es nach Anmeldung, der Museumshof ist von März bis Oktober täglich (außer montags) von 13–18 Uhr geöffnet.

INFO: MUSEUMSHOF RAHDEN
TEL.: 05771-2282, FAX: 05771-900850
MUSEUMSHOFRAHDEN@GMX.DE
STADT RAHDEN
LANGE STR. 9, 32369 RAHDEN
TEL.: 5771-7317, FAX: 05771-7350
WWW.RAHDEN.DE

Die Rossmühle im Betrieb, die Pferde laufen gegen den Uhrzeigersinn um das Mühlenhaus, im Innern läuft rumpelnd das Getriebe und treibt das Mahlwerk an (links). An Mahl- und Backtagen wird altes Handwerk vorgeführt (unten links). Die Rossmühle im August 2006 in der „Nacht der beleuchteten Mühlen" (rechts). Die Rossmühle zeigt sich auch im Winterschlaf von der malerischen Seite (oben), die Deele im Haupthaus des Museumshofs, vor zweihundert Jahren Arbeits- und Schlafplatz für das Gesinde (unten rechts).

Bockwindmühle Oppenwehe

Die Bockwindmühle Oppenwehe ist eine der drei letzten Bockwindmühlen im Mühlenkreis. Mit ihren Seitentaschen, die ihr ein besonders wuchtiges Aussehen geben, ist sie sogar eine der letzten ihrer Art in Deutschland. Die Mühle, die am Beginn des 18. Jahrhunderts ihren Platz als Hofmühle auf dem Rittergut Hüffe hatte, wurde 1868 an den Müller Piel verkauft. Sie wurde zurückgebaut und in Oppenwehe rekonstruiert. Für die damalige Zeit war dies eine transporttechnische Höchstleistung. Es wird berichtet, dass allein für den Transport des „Hausbaums" acht Pferde benötigt wurden. Im Jahr 1873 erfolgte die Eröffnung des neuen Mühlenbetriebs. Die Ausstattung entsprach dem Stand der damaligen Technik. Im Jahr 1900 kam eine Dampfmaschine hinzu, mit der die Mühle und ein Sägegatter angetrieben werden konnten. Die Mühle wurde bis 1943 mit Wind betrieben, ehe während eines Sturms ein Flügel abbrach und die Bremse beschädigte. Der Mühlenbetrieb hatte zu dieser Zeit schon stark an Bedeutung verloren. Es ist nicht genau bekannt, wann die Müllerei offiziell eingestellt und wie lange noch für den Eigenbedarf gemahlen wurde. Im Jahr 1971 kamen ernsthafte Überlegungen auf, die Bockwindmühle zu erhalten. Im ersten Ansatz kam man aber nicht über eine halbherzige Lösung hinaus, die nur die Sicherung und provisorische Erhaltung der Windmühle vorsah. Zu dieser Zeit hatte sich im Kreis indes ein gesteigertes Mühlenbewusstsein durchgesetzt. Die Oppenweher wollten nun doch wieder eine funktionierende Bockwindmühle haben. Die komplette Mühle wurde in der Folge demontiert und alle unbrauchbaren Teile aussortiert. Die Hauptaufgabe bestand aber darin, den Bock und das Mühlenhaus zu erneuern. Im Jahr 1991 war Richtfest für die neue Mühle, ein Jahr später ging die Bockwindmühle vor Wind. Das im Frühjahr 2011 erneuerte Flügelkreuz verfügt über neue Windmühlenflügel „deutscher Bauart". Die neuen Flügel aus hartem Lärchenholz sind leichter und steifer als die seit 1992 verwendeten Flügel holländischer Bauform. Die Westfälische Mühlenstraße ist mit diesem originalgetreuen Flügelkreuz um eine Attraktion reicher geworden. Die Oppenweher Mühlenfreunde haben auf ihrem Gelände inzwischen ein Fachwerkhaus mit Schänke und Toiletten, einen Mühlenkotten mit 70 Sitzplätzen, eine Remise für Ausstellungen und einen Grillplatz eingerichtet. An Mahl- und Backtagen kommen reichlich Besucher und die Musik der „Oppenweher Mühlenmusikanten" sorgt für volksfestartige Stimmung.

Zwei Mahlgänge der Oppenweher Mühle.

Die „Oppenweher Mühlenmusikanten" sorgen für musikalische Unterhaltung.

INFO: BOCKWINDMÜHLE OPPENWEHE
SPECKENDAMM 22
32551 STEMWEDE-OPPENWEHE
TOURISTINFO GEMEINDE STEMWEDE
TEL.: 05474-206207, FAX: 05474-206181
TOURISMUSBUERO@STEMWEDE.DE
WWW.STEMWEDE.DE, B, MBT, WC, BEHWC, BEWIRTUNG

Windmühle Levern „Kolthoffsche Mühle"

Die Windmühle Levern mit ihrem originellen sechskantigen verschindelten Turmaufbau wurde 1922, also relativ spät, als Hofmahlmühle auf dem Kolthoffschen Hof in Niedermehnen errichtet. Sie war zur Versorgung des Gehöfts gedacht und mit nur einem Mahlgang ausgerüstet. Als sie erbaut wurde, waren die meisten Mühlen schon mit Motorantrieb in Betrieb und auch der Stert war nicht mehr zeitgemäß, denn die meisten Windmühlen im Kreis hatten schon um die Wende zum 20. Jahrhundert die modernere Windrose bekommen. In dieser alten Form wurde die Hofmühle bis 1958 mit Wind betrieben. Im Jahr 1980 kaufte die Gemeinde Stemwede die Mühle und ließ sie in der Nähe eines Hofs wieder aufbauen. Der Mühlenverein Levern e.V. hat in vielen Stunden das auf diese Weise neu entstandene Mühlenensemble gestaltet und im Lauf der Jahre weiter ausgebaut. 1981 wurde ein alter Kornspeicher als Ausstellungsraum und 1984 ein Rossmühlengebäude zum Aufenthaltsraum für Besucher aufgebaut. Ein Backhaus mit einem hundert Jahre alten Ofen auf dem benachbarten Hof Klostermann wurde wieder hergerichtet, um Besucher mit Brot und Kuchen verwöhnen zu können. Im Jahr 2008 wurde die Ausstellungshalle der Altmaschinenfreunde „Vom Korn zum Brot" eingeweiht. Das Gelände wurde wesentlich erweitert und es entstanden ein Kinderspielplatz, ein Bauerngarten und ein Parkplatz. Das Areal wird von den Vereinsmitgliedern liebevoll gepflegt.

Nacht der beleuchteten Mühlen, August 2006.

25 Windmühle Levern „Kolthoffsche Mühle"

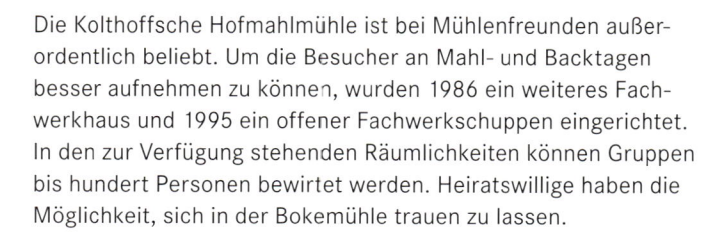

Die Kolthoffsche Hofmahlmühle ist bei Mühlenfreunden außerordentlich beliebt. Um die Besucher an Mahl- und Backtagen besser aufnehmen zu können, wurden 1986 ein weiteres Fachwerkhaus und 1995 ein offener Fachwerkschuppen eingerichtet. In den zur Verfügung stehenden Räumlichkeiten können Gruppen bis hundert Personen bewirtet werden. Heiratswillige haben die Möglichkeit, sich in der Bokemühle trauen zu lassen.

INFO: WINDMÜHLE LEVERN
AUF DER IMLAGE 9
32351 STEMWEDE-LEVERN
TOURISTINFO GEMEINDE STEMWEDE
TEL.: 05474-206207, FAX: 05474-206181
TOURISMUSBUERO@STEMWEDE.DE
WWW.STEMWEDE.DE , MBT, WC, BEHWC, B, EINF. BEWIRTUNG

Windmühle Destel 26

Das Besondere an der Windmühle Destel ist ihr originelles Erscheinungsbild. Mit ihrem schlanken Turm und dem Kranz aus Baumbewuchs ähnelt sie einer grazilen Ballerina. Durch diesen Baumkranz ist die Galerie völlig unsichtbar. Die Windmühle mit ihrem achteckigen, verbretterten und geschindelten Aufbau wurde Anfang des 19. Jahrhunderts gebaut. Das Erscheinungsbild mit Kappe, Stert und windgängigen Segelflügeln wurde bei der Restaurierung erhalten. Die Geschichte des Mühlenbetriebs ist nur teilweise bekannt. Nach wechselvoller Geschichte wurde der Betrieb 1960 schließlich eingestellt. In der Folgezeit begann der Verfall. Die Restaurierung der Mühle erfolgte durch Eigenleistung der Desteler Mühlenfreunde. Die Desteler Windmühle und der angrenzende Dorfplatz sind für Vereine und Familien ein beliebter Treffpunkt für Feste und Veranstaltungen.

INFO: WINDMÜHLE DESTEL, LÜBBECKER STR. 14, 32351 STEMWEDE-DESTEL, TOURISMUSBÜRO LEVERN
TEL.: 05474-206207, www.stemwede.de/Tourismus, B, WC

27 Mühlenanlage Fiestel *„Ellerburger Mühle"*

Eine Wassermühle, die zum „Haus Viestel", der späteren Ellerburg, gehörte, wird schon im Jahr 1566 in alten Unterlagen erwähnt. Das heutige Mühlengebäude wurde 1781 errichtet. Der Mühlteich war Teil der Gräften der Ellerburg, die ihr Wasser aus der nahen Aue und der Flöthe bezogen. Im Jahr 1856 erfolgten wesentliche Veränderungen: Das Mühlengebäude wurde um vier Meter nach Westen erweitert, die vor dem Haus liegende hölzerne Brücke durch eine steinerne Brücke mit drei Bögen ersetzt und das Wasserrad musste einer Turbine weichen.

Im Jahr 1869 wurde die Familie der Freiherren von der Horst, die seit 1825 auf der nahe gelegenen Ellerburg residierte, Besitzer der Mühle und verpachtete sie ab 1896 an Müller Weßler. Nach 36 Jahren kaufte Weßler, die Familie ist heute noch Eigentümer, die Wassermühle und veränderte den Betrieb grundlegend. Schon 1905 installierte Weßler ein Sägewerk und 1914 einen Generator zur Stromerzeugung. Neue Antriebssysteme folgten, nachdem 1928 die Wasserrechte verkauft worden waren. Von einem Sauggasmotor (1920) bis zu einem Dieselmotor (1941), hin zu einem leistungsfähigeren Diesel (1951) reichte die Entwicklung der Antriebstechnik. Die Ellerburger Mühle war eine reine Motormühle geworden. Neue Techniken spielten an diesem Mühlenort eine besondere Rolle. 1924 wurde das „E-Werk" um eine Akku-Anlage

INFO: WASSERMÜHLE FIESTEL, GESTRINGER STR. 78, 32339 ESPELKAMP-FIESTEL, B

Unter dieser Steinbrücke floss bis 1957 die Aue hindurch (oben rechts). Die beiden Steinmahlgänge können heute noch mit Motorkraft betrieben werden (rechts). Namenstafel der ehemaligen Eigentümer von der Horst an einem Türsturz (unten).

zur Stromspeicherung erweitert. Nun war man in der Lage, umliegende Ortsteile mit Strom zu versorgen – ein Service, der bis 1948 aufrecht erhalten wurde. Im Jahr 1957 wurde die Große Aue reguliert, tiefergelegt und mit dem Aushub der Mühlteich und die Gräften der Ellerburg zugeschüttet. Heute ist die Mühle mit zwei Steingängen, Graupengang, Walzenstuhl und den üblichen Hilfseinrichtungen noch immer funktionsfähig. Die Ellerburger Mühle ist ein kleines Technikmuseum und kann besichtigt werden.

Gutswassermühle Bad Holzhausen

Im Jahr 1556 wird an diesem Platz erstmals eine Mühle urkundlich erwähnt. Die Wassermühle war zu dieser Zeit Teil des Gutes Hudenbeck. Ein mittelschlächtiges Wasserrad mit einem Durchmesser von 3,10 m und einer Breite von 1 m treibt mit dem Wasser der Aue die Mühle an. Das zweigeschossige Fachwerkhaus wurde 1888 errichtet, nachdem die Mühle bei einem Hochwasser 1885 stark in Mitleidenschaft gezogen worden war. Das bis dahin unterschlächtige Rad wurde bei diesem Umbau auf oberschlächtigen Antrieb umgerüstet. Die Gutsmühle arbeitete in dieser Form bis 1958.

Das allgemeine „Mühlensterben" ging auch hier nicht spurlos vorüber – die Einrichtung verfiel, das hölzerne Rad ging zu Bruch. Im Jahr 1977 kaufte die Stadt Preußisch Oldendorf das Gut und gestaltete das Gelände zum Kurpark um. Die Wassermühle sollte wieder funktionsfähig gemacht werden. Wie am Anfang der Mühlenrestaurierung allgemein üblich, wurden aus anderen Mühlen Bauteile und Einrichtungen beschafft. Das gusseiserne Kammrad stammt z. B. aus Freudenberg im Siegerland, die Mühleneinrichtung wurde von der Mühle Westbrock in Bünde übernommen.

Das Wasserrad aus Stahl wurde nun mittelschlächtig angetrieben, weil der Mühlenbach (die Aue) nicht mehr so hoch wie zuvor angestaut werden durfte. Die so wieder hergerichtete Mühle wurde 1983 mit einem Schrot- und Mahlgang mit Sichter wieder in Betrieb genommen. Das Schicksal wollte es, dass die Mühle 1985, exakt 100 Jahre nach dem Wasserschaden von 1885, durch einen Brand stark beschädigt wurde. Ein Jahr später, nach einer zügigen Wiederherstellung, konnte die Mühle für die Besucher wieder geöffnet werden. Im Erdgeschoss der Mühle ist eine kleine technikgeschichtliche Ausstellung mit Müllereimaschinen sowie Bildern aller früher in Preußisch Oldendorf vorhandenen Mühlen aufgebaut. Die Mühle ist von April bis Oktober an jedem Sonntag von 10 bis 12 und von 14 bis 17.30 Uhr geöffnet. Mitglieder der Mühlengruppe stehen dem interessierten Gast mit Auskünften zur Verfügung. Hierbei wird auch Mehl zum Verkauf angeboten. Gruppenbesichtigungen mit Mahlvorführungen sind nach Anmeldung täglich möglich.

Das Wasser der Aue im neu angelegten Mühlbachbett treibt das mittelschlächtige Mühlrad an (oben). Die Antriebseinheit der Gutswassermühle. Das Kammrad und die beiden großen Räder verfügen über Holzzähne, die sogenannten Kammen. Sie stehen mit den kleinen Rädern aus Stahl im Eingriff und ergeben einen relativ geräuscharmen Lauf (unten), das „Blasorchester Bad Holzhausen" unter der Leitung von Willi Sellenriek (Mitte).

INFO: HAUS DES GASTES
32361 BAD HOLZHAUSEN
TEL.: 05742-4224
TOURISTIK PREUSSISCH OLDENDORF
TEL.: 05742-703794

29 Wassermühle Eilhausen

Die Wassermühle Eilhausen ist die letzte der einst zahlreich vorhandenen Wassermühlen am Nordhang des Wiehengebirges. Das fast im tiefen Wasserkasten verschwindende oberschlächtige Wasserrad mit einem Durchmesser von 2,6 m wird aus dem nahen Mühlteich gespeist.
Das Mühlenhaus, ein Fachwerk-Bruchsteinbau, wurde um 1700 errichtet. Die Einrichtung, ein Schrot- und ein Mahlgang, war bis in die Zeit des Zweiten Weltkriegs in Betrieb.

Der Mühlenbetrieb wurde in den 1950er-Jahren aufgegeben. Ausräumarbeiten im Innern und die Verkleinerung des Mühlteichs beendeten hier die aktive Müllerei. In das Gebäude wurde später eine Gemeinschaftskühlanlage eingebaut, die bis 1988 betrieben wurde. Heute steht das Haus leer.
Über das bemooste Gerinne läuft je nach Regenfall noch genug Wasser, um das Wasserrad der Eilhauser Mühle in Bewegung zu halten.

INFO: WILHELM MEIERING, NETTELSTEDTER STR. 21, 32312 LÜBBECKE-EILHAUSEN

Windmühle Eilhausen „Königsmühle Eilhausen"

Der Galleriehölländer mit seinem aus Sandstein gemauerten schlanken Mühlenturm ist mehr als 250 Jahre alt. Er wurde vor 1721 gebaut und ist damit die älteste der drei Königsmühlen im Kreis. Wie alle königlichen Mühlenneubauten aus Bruchstein war sie ursprünglich mit einem Stert ausgerüstet. Im Jahr 1872 kaufte Müller Selle die Mühle und ließ sie um ein Stockwerk erhöhen, um den Wind besser nutzen zu können. Der Absatz aus Ziegelmauerwerk ist deutlich sichtbar. Durch den Umbau wurde eine Galerie erforderlich, um die Flügel „besegeln" zu können. Der alte Stert wurde durch ein Gaffelrad ersetzt. Im Jahr 1888 verschwand auch das „Ziehrad" und machte einer Windrose Platz. Die Mühle ging den Gang aller kleinen Mühlenbetriebe im Kreis, und so wurde der gewerbliche Mühlenbetrieb im Jahr 1944 eingestellt. Die konkreten Maßnahmen zur Erhaltung begannen um 1962. Heute ist die Königsmühle Eilhausen wieder windgängig und steht der Öffentlichkeit und allen interessierten Mühlenfreunden offen.

Windmühle Eilhausen „Königsmühle Eilhausen"

Im Mühlengehöft, das im 19. Jahrhundert errichtet wurde, ist die Wohnung des Müllers Selle in teilweise originalgetreuem Zustand hergerichtet und gewährt Einblicke in die Wohnsituation einer Müllerfamilie. In der Scheune steht ein noch funktionierender Elektro-Schrotgang mit Elevator und Reinigungsmaschine zur Vorführung bereit.

INFO: WINDMÜHLE EILHAUSEN, WINDMÜHLENFELD 12, 32312 LÜBBECKE-EILHAUSEN, FRITZ KAMMANN, TEL.: 05741-61214
FRITZ SCHÖPHÖRSTER, TEL.: 05741-6961 (BEIDE AB 17 UHR)

Windmühle Eickhorst

Die Windmühle Eickhorst, auch Storcks Mühle genannt, steht auf einem alten Mühlenplatz. Im Jahr 1751 standen hier bereits eine königliche hölzerne Bockwindwindmühle und eine Rossmühle, die bei Windstille die Arbeit übernahm. Die alte Bockwindmühle war Zeuge, als am 1. August 1759 hier auf dem Gelände die historische „Schlacht bei Minden" mit einem Artillerieduell zwischen Franzosen und den verbündeten Truppen begann. Im Jahr 1842 kaufte der Müller Carl Storck die alte Bockwindmühle. Er ließ sie abreißen und 1848 den heute vorhandenen Wallholländer mit fünf Mahlgängen errichten. Der Turm ist aus Bruchstein gemauert und an der Wetterseite verputzt. Der Wall ist aus dem gleichen Bruchsteinmaterial. 1903 wurde eine Windrose installiert. Um vom Wind unabhängig zu sein, wurde ab 1909 mit Dampfmaschinen-, später mit Dieselantrieb gemahlen. Nach dem allgemeinen Niedergang der kleinen Mühlen, verursacht durch die leistungsfähigeren Industriemühlen, meldete der letzte tätige Müller, Heinrich Storck, 1968 den gewerblichen Mühlenbetrieb ab. Danach wurde nur noch für den Eigenbedarf gearbeitet und es setzte, wie andernorts an den Mühlen, der Verfall ein. Durch das neue Mühlenbewusstsein regte sich der Wille, das einmalige Mühlenensemble auf diesem historischen Grund zu erhalten.

Dem Ortsheimatpfleger Hermann Hucke lag die Renovierung besonders am Herzen. Ab 1978 begannen mit Unterstützung des Mühlenbauhofs und zahlreicher Helfer der Mühlengruppe vor Ort

31 Windmühle Eickhorst

die Restaurierungsarbeiten. Das alte Backhaus wurde erneuert und ein alter Fachwerkspeicher abgetragen und hierher versetzt. Die Pflege und Erhaltung der Anlage liegt in den Händen der Mühlengruppe Eickhorst. An den Mahl- und Backtagen bewirten die Mitglieder, inzwischen über vierzig Personen aller Altersklassen, die Gäste. Der Erfolg ist überwältigend. Seit 1980 haben mehr als 100.000 Personen aus aller Herren Länder, das Gästebuch gibt hierüber Aufschluss, die Eickhorster Mühle besucht.

INFO: HELMUT WÜLLNER, GOLDREGENWEG 10, 32479 HILLE-EICKHORST, TEL.: 05703-2520, ELISABETH GRANNEMANN, TEL.: 057031538 WWW.WINDMUEHLE-EICKHORST.DE, MBT, WC, B, FÜHRUNG UND BEWIRTUNG NACH ABSPRACHE

Windmühle Dützen

Die mehr als 200 Jahre alte Holländermühle steht auf einem stattlichen Wall mit einer hohen Durchfahrt. Erst seit ihrer Restaurierung, mit der 1991 begonnen wurde, ist sie wieder mit Mühlenhaube, Windrosenanlage und windgängigen Segelflügeln komplett ausgestattet. Die „Hummelbecker Windmühle" ist benannt nach dem ältesten Ortsteil der früheren Gemeinde Dützen. Die Mühle wurde bis nach dem Ersten Weltkrieg mit Wind betrieben. Danach begann die Zeit der technischen Veränderungen. Der Pächter Tiemann übernahm die Mühle im Jahr 1921 und rüstete sie mit Sauggasantrieb, dann mit Dieselmotor und ab 1950 mit Elektroantrieb aus. Um 1940 wurden Haube und Flügel abgenommen, weil sie baufällig waren. Der Turm wurde mit einer Betonplatte verschlossen. Mit dem Elektromotor wurde die Mühle, die nur noch als Torso vorhanden war, bis zur Aufgabe der Müllerei 1989 betrieben. Im Jahr 1990 kaufte der 1987 gegründete Heimatverein Dützen den Rest der Mühle. Ab 1991 begann die Restaurierung, so dass ab 1996 wieder gemahlen werden konnte. Im gleichen Jahr wurde das neue Müllerhaus seiner Bestimmung übergeben. Heute ist das Gebäude-Ensemble um die Hummelbecker Mühle ein beliebtes Ausflugsziel. Mühlenfreunde können wieder die 65 Jahre alte Motormühle im Betrieb erleben und im Müllerhaus Schmalzbrote und Butterkuchen genießen. Es besteht die Möglichkeit, Gruppen bis 60 Personen zu bewirten.

32 Windmühle Dützen

INFO: Kurt Stöven
Tel.: und Fax: 0571-54229
www.heimatverein-duetzen.de
Heimatverein Dützen e.V.
Am Grottenbach 7
32429 Minden
info@heimatverein-duetzen.de
MBT, WC, BehWC, B, einf. Bewirtung

Rossmühle Oberbauerschaft 33

33 Rossmühle Oberbauerschaft

Die Rossmühle in Oberbauerschaft ist ein technisches Kulturdenkmal ersten Ranges und steht unter Denkmalschutz. Sie wurde 1797 auf dem 1463 erstmals erwähnten Hof Meyer zu Kniendorf erbaut und ist heute noch funktionsfähig. Der Hauptteil der Mühle ist der auf ca. 120 Quadratmetern Grundfläche stehende achteckige Fachwerkbau. Die mit Lehm gefüllten Wände tragen ein reetgedecktes Dach. Im Inneren steht zentrisch eine 7 m hohe Welle, an der sechzehn Streben ein Kammrad mit einem Umfang von 32 m tragen. Das große Kammrad, wie alle Getriebeteile aus Holz, ist die Leistung des Mühlenbaumeisters Johann Heinrich Diekman. In einem kleinen Anbau ist die Mühle, das Stampfwerk zum „Boken", eingerichtet. Eine „Nockenwelle", die über ein Stockrad mit dem großen Kammrad gekuppelt werden kann, hebt die Stampfen, die den Flachs weich klopfen. Die Pferde werden direkt an das Kammrad gespannt. Wenn früher Flachs verarbeitet werden musste, kamen die Bauern oft mit eigenen Zugtieren zum Boken. Nach Jahren des Stillstands hat der Mühlenverein die Mühlenanlage restauriert und 1985 wieder zum Laufen gebracht. Zu besonderen Anlässen wie dem Deutschen Mühlentag und dem Kreismühlentag wird sie mit Pferden in Betrieb genommen.

INFO: Christoph Meyer zu Kniendorf, Oberbauerschafter Str. 274, 32609 Hüllhorst-Oberbauerschaft, Tel.: 05741-8532
MBT, B, WC

Wassermühle Hüllhorst *„Husenmühle"*

Die Husenmühle liegt etwa am tiefsten Punkt der Straße, die von Hüllhorst nach Büttendorf führt, idyllisch im Nachtigallental. Heute ist sie Teil eines Café-Restaurants. Sie war einmal die Gutsmühle des Hauses Husen und wurde bis 1962 von Müller Otto Selig betrieben. Ein privater Investor kaufte Mitte der 1980er-Jahre das Anwesen und ließ das Gebäude gründlich renovieren. Die so entstandene Café-Mühle ist heute der ausgesprochen gemütliche Treffpunkt für den Heimatverein „Nachtigallental" und Gäste. Der am Reineberg entspringende Lusbach liefert noch genügend Wasser, damit das 2005 erneuerte Wasserrad nicht zum Stillstand kommt.

INFO: CAFÉ-RESTAURANT HUSENMÜHLE, NACHTIGALLENTAL 5 32609 HÜLLHORST, TEL.: 05744-5099431, FAX: 05744-509776

Windmühle Struckhof in Hüllhorst-Schnathorst

Der 1883 errichtete Wallholländer liegt malerisch auf einer Anhöhe über Schnathorst, einem Ortsteil von Hüllhorst. Seit ihrer Restaurierung hat die Windmühle wieder windgängige Segelflügel und eine funktionierende Windrose. Das Mühlengeschäft wurde 1970 komplett eingestellt. 1987 wurde die Mühle in das Mühlenerhaltungsprogramm aufgenommen. Der Turm wurde wieder auf die alte Höhe gebracht, die Flügel treiben nun eine solide Stahlrohrwelle an und die Windrose funktioniert wieder wie in alten Zeiten. In dem neu geschaffenen Gästeraum können sich Besucher mit Kaffee und Kuchen bewirten lassen. Seit Abschluss der äußeren Restaurierung im Jahr 1993 hat Hüllhorst als einzige Gemeinde im Kreis wieder alle Arten der Naturkraftmühlen, also Ross-, Wasser- und Windmühlen, vorzuweisen. Bei dieser Vielfalt bietet sich ein Tagesbesuch geradezu an. Bei einem Besuch der Rossmühle Oberbauerschaft (33), der Windmühle Struckhof und der Husenmühle (34) im Nachtigallental kann er auf engem Raum Mühlengeschichte(n) in landschaftlich schöner Umgebung erleben.

INFO: WINDMÜHLE STRUCKHOF, WULFERDINGSER STR. 16, 32609 HÜLLHORST-SCHNATHORST, MANFRED BÄNSCH, TEL.: 05744-2133
HEINZ KRÖGER, TEL.: 05734-2867, WWW.WINDMUEHLE-STRUCKHOF.DE
MBT, WC, B, EINF. BEWIRTUNG

67

Wassermühle Bergkirchen „Schönen Mühle"

Das aus Bruch- und Ziegelsteinen errichtete Mühlengebäude ist mehr als 200 Jahre alt. Die Mühle ist bei Einheimischen, nach ihrem Eigentümer Schöne, auch unter der Bezeichnung „Schönen alte Mühle" bekannt. Die heute noch voll funktionierende Mühleneinrichtung wird von einem oberschlächtigen Wasserrad mit einem Durchmesser von 3,8 m angetrieben. Nach langen Jahren aktiven Mühlenbetriebs, zuletzt gehörte ein Landhandel dazu, nahm das Geschäft ab den 1960er-Jahren ab. Die gewerbliche Müllerei wurde allerdings erst 1998 eingestellt. „Schönen Mühle" ist heute ein beliebter Ausflugsort. Besucher können noch erleben, wie mit Wasserkraft geschrotet wird und eine funktionsfähige Ölmühle ist ebenfalls vorhanden.

INFO: RENATE HAUPT, MÜHLENTAL 12, 32549 BAD OEYNHAUSEN-BERGKIRCHEN, TEL.: 05734-1371 UND 05734-6766, MBT, WC, B, BEWIRTUNG

„Schönen Mühle" im Herbstlaub (oben). Das gusseiserne stehende Vorgelege-Getriebe stammt von der Weserhütte in Bad Oeynhausen (links). Wegweiser zur Wassermühle an der Straße (unten).

37 Wassermühle am Osterbach in Bad Oeynhausen

Die Wassermühle auf dem Bartlingshof in Enger-Herringhausen stammt aus dem Jahr 1772. Als Hofmahlmühle hatte sie nur den Bedarf eines größeren Bauernhofs zu decken. Es reichte deshalb die Ausstattung mit nur einem Mahlgang. Diese einfache Konstruktion der Mühle findet sich nur hier im Kreis. Bis 1952 war sie in Betrieb, 1978 wurde sie abgebaut. Seit 1984 steht sie im Siekertal am Rand des Museumshofs in Bad Oeynhausen. Die Mühle ist von April bis Oktober an jedem zweiten und vierten Sonntag im Monat geöffnet.

INFO: STÄDTISCHE MUSEEN
BAD OEYNHAUSEN
TEL.: 05731-143410
WWW.BADOEYNHAUSEN.DE
MUSEUM@BADOEYNHAUSEN.DE

Windmühle Porta Westfalica-Holzhausen 38

In Holzhausen a. d. Porta steht Maschmeiers Mühle. Es ist ein aus Bruchstein gemauerter und verputzter Wallholländer mit stark konischem Turm. An diesem Platz stand 1740 eine königliche Bockwindmühle. Alte Unterlagen geben 1807 als Baujahr an. Kurz nach dem Zweiten Weltkrieg wurde die Mühle stillgelegt. Ab 1987 wurde die Restaurierung in Angriff genommen. Dass sich die Mühle in der heutigen makellosen Form präsentiert, ist ein Verdienst der Mühlengruppe in Holzhausen. Im alten Backhaus werden für die Besucher an Mahl- und Backtagen Brote und Kuchen gebacken. Ein neues Mühlenhaus steht zur Gästebetreuung bereit, standesamtliche Trauungen sind möglich. Von hier geht der Blick hinüber zum Kaiser-Wilhelm-Denkmal auf dem Wiehengebirge. Der Mühlenfreund verweilt gern an diesem besonderen Ort und genießt die malerische Umgebung an der Porta Westfalica.

INFO: RAINER TRAUE, FINDELSTRASSE 102, 32457 PORTA WESTFALICA-HOLZHAUSEN, TEL.: 0571-70871, FAX: 0571-9729401 WWW.WINDMUEHLE.NET, MBT, WC, B, BEWIRTUNG

38 Windmühle Porta Westfalica-Holzhausen

Windmühle Veltheim 39

Die Windmühle Veltheim wurde im Jahr 1903 erbaut. Sie steht als Wallholländer weithin sichtbar in der Weseraue zwischen Eisbergen und Veltheim. Der verputzte Ziegelsteinturm hat im Zuge der Restaurierung eine neue Haube mit Segelflügeln und eine nicht funktionierende Windrose erhalten. Hier wurde schon 1870 als Ersatz für eine hölzerne Windmühle ein steinerner Erdholländer errichtet. Die neue Mühle war nach einem Blitzschlag so weit ausgebrannt, dass sie abgebrochen werden musste. 1903 erhielt die Mühle eine gusseiserne Flügelwelle mit Eisen-Kammrad und -Bunkler. Der Mühlenbetrieb wurde 1963 aufgegeben, aber es wurde weiter für den Eigenbedarf geschrotet.

INFO: Heinrich Stolze, Hehler Feld 23
32457 Porta Westfalica-Veltheim

Windmühle Eisbergen „Röckemanns Mühle"

Der Erdholländer in Eisbergen, auch „Röckemanns Mühle" genannt, kann auf eine wechselvolle Geschichte zurückblicken. Sein heutiges Erscheinungsbild lässt nicht darauf schließen, dass er schon mal umgezogen und auch abgebrannt ist. Doch der Reihe nach: Die Windmühle mit dem eindrucksvollen Turm wurde 1855 im Ort Eisbergen errichtet. Der leicht konische Mühlenturm ist im unteren Teil aus Bruchstein, im oberen Teil aus bearbeitetem Sandstein gebaut. Um den Wind besser nutzen zu können, wurde er im Jahr 1907 um 2,5 Meter aufgestockt, wie aus einem Bauantrag vom 18. Januar 1907 hervorgeht. Die vermutlich mit Schrot-, Mehl- und Graupengang ausgestattete Mühle erlebte eine interessante technische und wirtschaftliche Entwicklung. Nach der Erhöhung des Turms bekam die Mühle eine neue Haube, Jalousieflügel mit Zentralverstellung und eine Windrosenanlage. Um die Unabhängigkeit vom Wind zu sichern, wurde ein Anbau zur Aufnahme einer Dampfmaschine errichtet. Um 1970 wurde der ganze Betrieb eingestellt, das Grundstück wechselte den Besitzer und die Mühle sollte verkauft und abgebrochen werden.

Um einen Verkauf nach außerhalb zu verhindern, kaufte der Mühlenverein Minden-Lübbecke die Mühle und baute sie am Ortsrand von Eisbergen wieder auf. Auf diese Weise ist sie dem

Die zentrale Jalousieklappenverstellung: Die „Spinne" verteilt die Schubkraft über ein Hebelsystem auf die Flügelklappen.

Mühlenkreis als wichtiger Teil der Mühlenstraße erhalten geblieben. In der Sturmnacht des „Kyrill", vom 18. auf den 19. Januar 2007, brannte die Mühle vollständig aus, und zwar genau 100 Jahre nachdem die Mühle modernisiert und umgebaut worden war. Doch inzwischen ist wieder Leben eingekehrt, 2008 bekam die Mühle eine neue Haube mit Jalousieflügeln. Seit 2010 ist der Innenausbau abgeschlossen. Zur Gästebetreuung steht ein neues Müllerhaus zur Verfügung. Wie vor dem Brand erfreut Röckemanns Windmühle heute wieder den technisch interessierten Mühlenfreund, der hier auf engem Raum konzentrierte Windmühlentechnik erleben kann.

INFO: WINDMÜHLE EISBERGEN
ROHEN FELD
2457 PORTA WESTFALICA-EISBERGEN
HELMUT DEERBERG
TEL.: 05751-8541
MBT, B, WC, BEHWC, EINF. BEWIRTUNG

Windmühle Eisbergen „Röckemanns Mühle"

Die Bilder zeigen eine Rarität: eine komplett neue Windmühlenmechanik. Der gesamte Windmühlenantrieb entstand nach dem Brand neu. Das Besondere an Röckemanns Mühle ist die mittlere Plattform, die den Blick nach oben zur Flügelwelle mit dem mächtigen Kammrad sowie dem Antriebsrad (Bunkler) auf der Königswelle aus nächster Nähe ermöglicht (oberes Bild). Die stehende „Königswelle" oder „König" mit quadratischem Querschnitt überträgt das Drehmoment über das große Stirnrad auf die Stockräder, die das Antriebsdrehmoment über die Mahlspindeln auf die eine Etage tiefer liegenden Mahlgänge übertragen (unteres Bild). Die beiden Bilder geben Einblick in die Detailarbeit der Mühlenbauer: die strammsitzenden „Kammen", ihre Sicherung mit Holzstiften und die Zentrierung der Königswelle in der Nabe mit Passstücken. Es ist immer wieder eindrucksvoll, das Getriebe im Lauf zu sehen und das imposante Laufgeräusch zu hören.

Wassermühle Kleinenbremen

Kleinenbremen ist ein über 700 Jahre alter Mühlenstandort. Hier waren 1900 noch sechs Wassermühlen vorhanden. „Hartings Mühle" ist nach dem ehemaligen Eigentümer benannt.
Das Rad mit einem Durchmesser von 3,8 m wird vom Wasser des unmittelbar darüber liegenden Stauteichs angetrieben. Im Jahr 1809 wurde „Hartings Mühle" zeitgemäß mit einem Mahlgang eingerichtet und später um einen Schrotgang erweitert.
Das heutige Haus wurde um 1900 gebaut. Um dem zeitweisen Wassermangel entgegenzutreten, wurde später ein Elektroantrieb eingebaut. Im Jahr 1966 wurde der Betrieb eingestellt.
Die Mühle wird heute vom aktiven Heimatverein Kleinenbremen betreut. Nach Restaurierungsarbeiten an der technischen Ausstattung wurde eine Müllerwohnung eingerichtet, in der den Besuchern Backwaren angeboten werden. Ein kleines Dorfmuseum rundet das Mühlenensemble ab.

Mönkhoffs Mühle

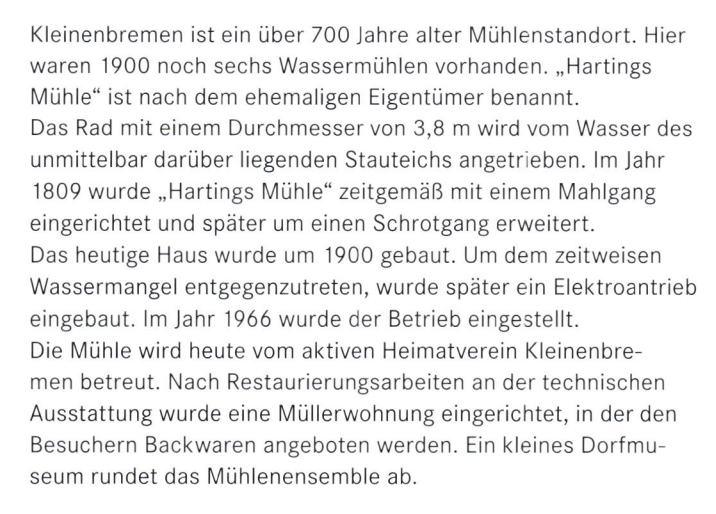

Mönkhoffs Mühle gehört zum Ensemble des Mönkhoffschen Hofs, der auf eine mehr als 400-jährige Geschichte zurückblicken kann. Bei der Sanierung der Wassermühle und des Backhauses hat der Heimatverein wieder ganze Arbeit geleistet. Bei den Restaurierungsarbeiten kam hübsches Fachwerk zum Vorschein. Heute treibt hier wieder eine Francis-Turbine das Mahlwerk an. Die beiden Mühlen tragen mit ihrem imposanten Erscheinungsbild zum positiven Eindruck des alten Mühlenstandorts Kleinenbremen bei.

INFO: Am Rehm 2a
Porta Westfalica-Kleinenbremen
Walter Kunz
Tel.: 05722-21621
Fax: 05722-890954
www.heimatvereinkleinenbremen.de
MBT, WC, B, Bewirtung

INFO: Am Rehm 27
Porta Westfalica-Kleinenbremen
Thomas Sill
Tel. 05722-288737
Fax 05722-891078

Schiffmühle Minden auf der Weser

Schiffmühlen waren in der Zeit um 1300 auf Flüssen weit verbreitet. Allein auf der Elbe wurden um 1500 noch über 500 Schiffmühlen betrieben. Alle Schiffmühlen im Kreisgebiet verschwanden spätestens um 1800. Es gab viele Gründe für das Verschwinden. Als erstes ist der höhere Wirkungsgrad der Wind- und Wassermühlen zu nennen. Die Gefahren beim „Mahlen auf dem Wasser" waren größer als bei anderen Mühlen. Der steigende Schiffsverkehr trug ganz wesentlich zum weiteren Rückgang der Schiffmüllerei bei. Die seit 1998 vor Minden an der Weser liegende Schiffmühle besteht aus dem großen Hauptschiff und dem schmalen Wellschiff. Zwischen den Schiffen dreht sich das mächtige zehnarmige Schaufelrad mit einem Durchmesser und einer Breite von je 5 m. Zwischen den Schiffen ist die neun Meter lange Welle gelagert, die über ein Getriebe aus Kamm- und Stockrädern das Mahlwerk antreibt. Die Mindener Schiffmühle ist mit ihrer Ausstattung die einzige mahlfähige ihrer Bauart. Der Besucher kann heute die Schiffmühle über einen sicheren Steg betreten und im Innern die interessante Arbeitswelt des Schiffmüllers im 17. Jahrhundert auf sich wirken lassen.

Info: Minden Marketing GmbH, Tel.: 0571-8290659, Fax: 0571-8290663, info@mindenmarketing.de, www.schiffmühle.de

Mühlen-Infozentrum (MIZ), Mühlenbauhof (MB), Deutsche Gesellschaft für Mühlenkunde und Mühlenerhaltung e. V. (DGM)

Das Mühlen-Informationszentrum ergänzt das deutschlandweit einmalige Freiluftmuseum der Westfälischen Mühlenstraße durch eine Dokumentation. Zu sehen gibt es Funktionsmodelle, mit denen die technischen Abläufe der verschiedenen Mühlentypen ausprobiert werden können. Die Westfälische Mühlenstraße wird hier multimedial präsentiert. Außerdem erfährt der Besucher originelles Detailwissen zu Mühlen in Recht und Gesetz, in Kunst und Literatur sowie zur Sozialgeschichte der Müllerei.

Der Mühlenbauhof ist in seiner Art einzigartig in Europa. Der Mühlenkreis verfügt von Beginn an über diese Einrichtung, die sich die technische Wartung der Mühlen zur Aufgabe gemacht hat. Hier können spezielle Bauteile wie Wasserräder, Flügel, Getriebeteile etc. hergestellt werden. Die Herstellung und Montage vor Ort ist Aufgabe von hochspezialisierten Mitarbeitern. Die Leitung des Mühlenbauhofs liegt in den Händen von Dipl.-Ing. Friedrich Rohlfing. Die Deutsche Gesellschaft für Mühlenkunde und Mühlenerhaltung e.V. hat hier ihren Sitz.

INFO: MÜHLENVEREIN IM KREIS MINDEN-LÜBBECKE E.V., MÜHLEN-INFOZENTRUM – MÜHLENBAUHOF FRILLE, SCHWARZER WEG 2 32469 PETERSHAGEN-FRILLE, TEL.: 05702-2694, WWW.MUEHLENVEREIN-MINDEN-LUEBBECKE.DE

Buchhinweise

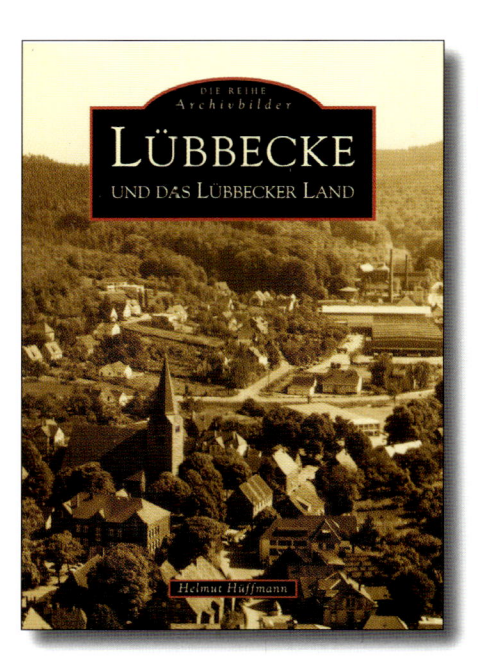

Lübbecke und das Lübbecker Land

Helmut Hüffmann

ISBN: 978-3-8902-563-9

17,90 € [D]

Schlösser und Parks im Mühlenkreis Minden-Lübbecke

Winfried Hedrich

ISBN: 978-3-86680-557-6

19,90 € [D]

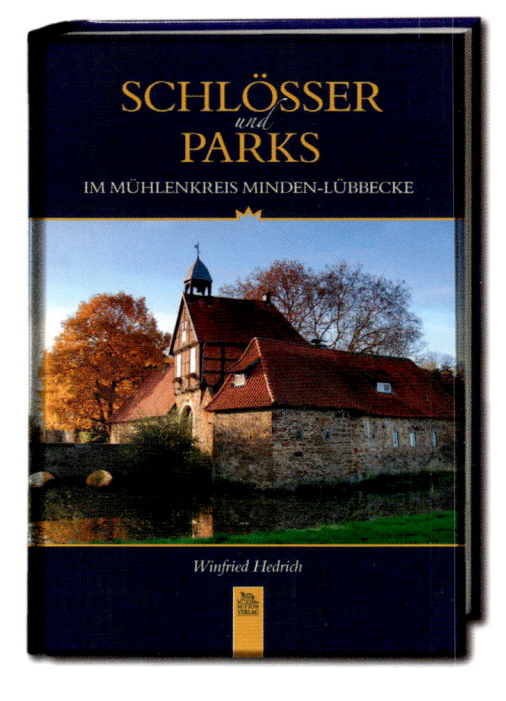

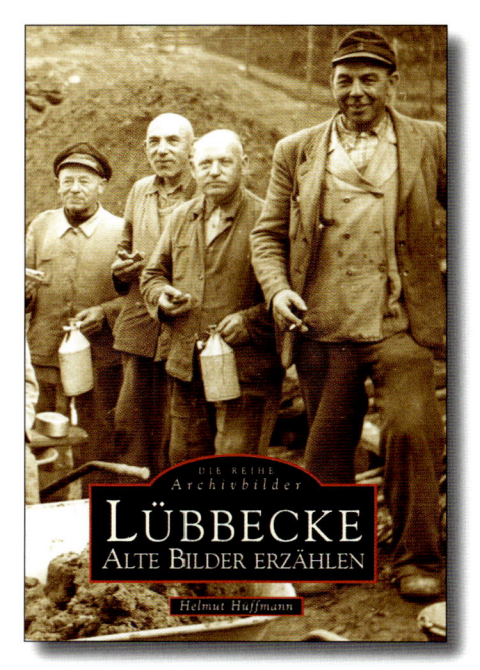

Lübbecke. Alte Bilder erzählen

Helmut Hüffmann

ISBN: 978-3-89702-143-3

16,90 € [D]

Weitere Bücher finden Sie unter:
www.suttonverlag.de

SUTTON VERLAG